In 2° 15788

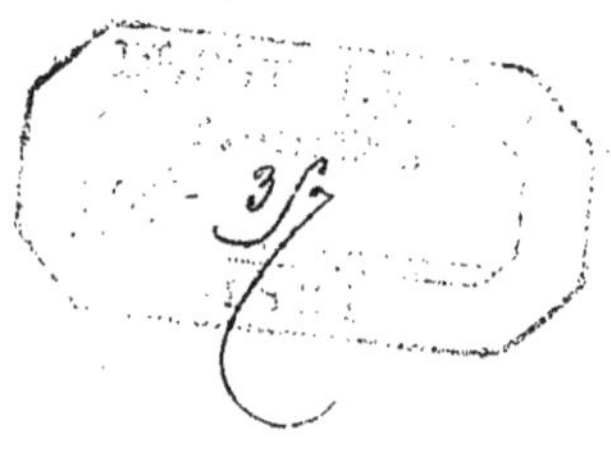

Le dimanche 30 juin 1861, ont eu lieu, à Phalsbourg, les obsèques de M. D. Parmentier, ancien maire de la ville et ancien membre du Conseil général de la Meurthe. La population entière, dit le MONITEUR DE LA MEURTHE, a voulu s'associer au deuil de sa famille, devenu ainsi un deuil public. Les personnes qui ne faisaient point partie du cortége funèbre se pressaient sur son passage, et, par leur attitude recueillie, payaient un dernier tribut d'hommage à la mémoire de l'homme qui avait rendu tant de services à sa ville natale. Les pompiers, précédés de leur musique, escortaient le convoi et avaient réclamé l'honneur de porter le cercueil. Le deuil était mené par M. Germain, gendre du défunt; M. A. Parmentier, son frère, colonel de gendarmerie en retraite; M. Parmentier, maire de Lunéville, et M. Reibell, conservateur des hypothèques à Strasbourg, ses beaux-frères. On remarquait dans le cortége M. le commandant de place, M. le juge de paix, MM. les membres du Conseil d'arrondissement, les autorités municipales et le Conseil; MM. les officiers de la garnison, des amis et d'anciens condisciples étrangers; les notables de la ville, sans distinction de culte; enfin, le collège et les écoles publiques.

M. PERROT, rédacteur du MONITEUR DE LA MEURTHE, a prononcé sur la tombe le discours suivant :

« MESSIEURS,

» Témoin de la pompe inusitée de cette triste cérémonie, un étranger en conclurait sans doute que la ville de Phalsbourg vient de perdre un de ses plus estimables citoyens. Eh bien! il resterait en deçà de la vérité. C'est un bienfaiteur qu'elle regrette et qu'elle honore dans celui dont la tombe va recevoir les terrestres dépouilles, et voilà pourquoi la cité des vivants tout entière a voulu faire cortège au nouvel habitant de la cité des morts. Sa vie, Messieurs, a été pour vous un livre constamment ouvert, dont vous connaissez toutes les pages. Permettez-moi, cependant, d'en retracer les traits principaux. L'exemple a toute son éloquence, en présence du cercueil de l'homme de bien.

» La biographie de M. Parmentier se résume en trois mots : HONORABILITÉ, DÉVOUEMENT, SOUFFRANCE.

» Né le 21 février 1792, il fut un des premiers élèves de ce collège fondé par son père, si florissant alors, et qui, après diverses vicissitudes, ne devait retrouver de beaux jours que sous son administration.

» Après avoir achevé ses études au lycée de Metz, il suivit, à Strasbourg, les cours de la Faculté de droit. Un avenir plein de promesses lui montrait en perspective les plus beaux horizons, et il venait d'être nommé auditeur au conseil d'Etat, lorsque s'écroula le premier Empire. Le père prit le chemin de l'exil; la carrière du fils fut brisée. Ce n'est pas nous, Phalsbourgeois, qui avons droit de l'en plaindre. La Providence cloue çà et là, sur la surface du pays, les brillantes intelligences, comme elle cloue les étoiles à la voûte du ciel. Il est juste que le canton, la petite ville aient aussi ce que j'appellerais volontiers leurs grands hommes. Par qui leurs intérêts seraient-ils défendus?

» En 1815, époque d'héroïsme et de glorieux désastres, Parmentier commandait à Metz une compagnie de garde nationale mobile, formée de ces intrépides enfants de la Lorraine, chargés de défendre nos places fortes à la frontière de l'Est, tandis que les débris de notre héroïque armée disputaient pied à pied le sol de la patrie à l'invasion étrangère.

» Rendu à la vie civile et devenu notaire, il entra, par un mariage heureux, dans cette famille Reibell, à laquelle appartiennent l'ingénieur distingué qui a construit le bassin de Cherbourg, et l'honorable général qui, naguère encore, commandait la division militaire dont Strasbourg est le chef-lieu. Parmentier acquit bientôt, dans les fonctions du notariat, une réputation d'aptitude et de probité qui lui fit remettre entre les mains les intérêts d'un grand nombre de familles; il devint l'homme du pays.

» Son rôle politique, sous la Restauration, était naturellement tracé, lui, élevé dans le culte des souvenirs napoléoniens et dans les idées de liberté civile, dont les ferments commençaient à travailler la France. Aussi, ne cessa-t-il de combattre aux côtés de son père pour le triomphe du parti libéral, en appuyant aux élections la candidature du comte de Lobau et du baron Louis.

» Nommé maire de Phalsbourg, en 1830, et élu, à la même époque, membre du Conseil général par son canton, il conserva ces fonctions de confiance jusqu'en 1849, comme maire, jusqu'en 1852, comme membre du Conseil général. C'est alors, Messieurs, que Parmentier trouva l'occasion de déployer les capacités qui l'élevèrent si haut dans l'estime de ses collègues et qui lui ont acquis tant de titres à la reconnaissance de ses concitoyens. La ville de Phalsbourg retrouva la prospérité dont elle avait joui sous l'administration du baron Parmentier, son père : ses rues furent pavées ; sa halle construite, et l'on compta jusque cent-dix pensionnaires dans ce collége, féconde pépinière d'hommes distingués, création libérale et démocratique si bien en harmonie avec les institutions d'un pays où toutes les intelligences sont appelées à briller sur les hauteurs, où un maréchal de France se nomme bourgeoisement Mouton, un ministre Rouland ou Billault.

» Singulière destinée de la ville de Phalsbourg, dont la prospérité semble avoir été intimement liée à celle de la famille Parmentier ! Espérons que cette solidarité n'est point rompue. Nous en avons besoin pour compter sur l'avenir.

» Au reste, Messieurs, ne croyez pas qu'il y ait un moindre mérite dans l'habile administration d'une petite ville que dans celle d'une grande. Le théâtre est moins vaste, il est vrai; mais aussi, les ressources et les moyens manquent souvent. M. Parmentier faisait beaucoup avec peu.

» Tout en attachant une haute estime aux récompenses honorifiques décernées par l'Etat aux services éminents, il pensait que la noblesse est personnelle. Aussi, quoique l'aîné de la famille, ne prit-il jamais le titre de baron que l'Empereur avait conféré à son père. Ses parchemins n'ont pas eu besoin d'être vérifiés.

» Esprit vif et facile, doué d'un jugement sûr, d'une mémoire enrichie par la lecture et l'étude, il possédait à un rare degré le talent de la parole. Lorsque, dans les circonstances solennelles, vous entendiez les chaleureuses improvisations qui allaient de ses lèvres au cœur de son auditoire, vous vous demandiez si la petite ville de Phalsbourg était bien la place d'un tel homme, et vous vous expliquiez sans peine sa légitime influence au Conseil général du département. Ses opinions, en effet, y prévalaient souvent, et il en fut élu président à diverses reprises. Il le fut également au collége électoral de l'arrondissement de Sarrebourg, et les électeurs qui l'avaient honoré de leurs suffrages ne les lui auraient pas refusé pour la députation, si son ambition eût été jusque-là. Mais elle se circonscrivait dans les limites de son arrondissement, et surtout de son canton. Il suffisait du titre de Phalsbourgeois pour être son ami. Ceux qui s'étonnent du grand nombre de jeunes gens distingués que Phalsbourg a fournis, surtout dans la carrière des armes, pourraient bien en trouver le secret dans le soin que M. Parmentier mettait à faire percer leur mérite, et dans la protection directe ou indirecte dont il les poursuivait, lorsqu'ils s'en montraient dignes.

» Vous connaissez le fonctionnaire, le magistrat. Ai-je besoin de vous retracer les vertus de l'homme privé, le bon citoyen, l'ami constant, l'excellent époux, l'excellent père? Non, car je resterais au-dessous de ce que vous en savez. J'aime mieux vous entretenir de son admirable et philosophique résignation, au milieu des atteintes d'un mal vieux de quarante ans, mal inexorable, qui le retint emprisonné dans ses appartements, pendant les dix dernières années de sa vie.

» J'admire le courage militaire sur le champ de bataille, le courage civil en face du despotisme ou de l'émeute; mais il est un courage plus admirable peut-être : celui de l'homme qui assiste avec sérénité à sa propre destruction, et se montre plus fort que la douleur. Tel fut Parmentier. Si son corps était lentement brisé par le mal, si la goutte en avait contourné les membres et noué les articulations, elle avait été sans puissance sur son cœur et sur son intelligence. L'une illuminait du plus vif éclat ces ruines vivantes; l'autre avait conservé toute sa jeunesse et toute sa fraîcheur. Aussi, même dans ce déplorable état, son existence fut encore utile, car il continua d'être l'homme des bons conseils. Sa sollicitude pour les intérêts moraux de ses concitoyens se manifestait encore jeudi dernier, lorsque, au moment du départ de son gendre pour Nancy, il lui indiquait, en termes précis et éloquents, les arguments à produire, au sein du Conseil académique, en faveur du collége de Phalsbourg.

» Messieurs, malgré les sombres couleurs de ce tableau, ne plaignez pas trop celui que nous regrettons. Lorsque les facultés survivent dans toute leur plénitude au naufrage de la vie matérielle, lorsque surtout on se voit entouré par les soins d'un amour qui s'augmente avec la souffrance, oh! alors, il serait presque doux de souffrir, si l'on ne faisait souffrir en même temps les êtres qui nous sont chers.

» Non, Parmentier, vous n'avez pas été malheureux, même sur le lit de douleur. Si vous avez épuisé la coupe amère des souffrances physiques, la goutte de miel n'a pas cessé de se trouver au fond. Vous avez eu pour premier ami celui que vous aviez choisi pour gendre; vous n'avez jamais été séparé de votre compagne et de votre fille, deux anges qui ont constamment placé leurs ailes entre vous et l'épreuve. Ah! la tendresse a aussi ses miracles. Celle qui n'aurait peut-être pas vécu pour elle, a eu la force de vivre pour vous, de veiller jour et nuit à vos côtés, de faire enfin plus que le mercenaire excité par l'appât du gain, plus que la sœur de charité, c'est-à-dire plus que l'argent et la religion, ces deux irrésistibles puissances.

» Et puis, une consolation suprême vous était réservée. Loin de moi, Messieurs, la pensée de venir mêler à ce deuil des souvenirs de lutte et de passions politiques! Mais, en élisant M. Germain (et je le dis sans prétendre diminuer en rien son mérite, car les sympathies de la population lui sont acquises à juste titre), vous avez voulu honorer aussi le beau-père dans la personne du gendre. En effet, cette élection a jeté un dernier rayon de soleil, un dernier éclair de bonheur sur la vie du mourant; et c'est ce que vous avez su exprimer avec bonheur, par l'organe de MM. les membres du bureau, lorsqu'ils sont venus eux-mêmes annoncer à M. Parmentier le résultat du scrutin : « Merci, Messieurs, répondit-il; c'est la » dernière de mes joies. »

» Une autre satisfaction semblait l'attendre. Si la mort l'eût oublié quelques jours de plus, il aurait vu se réunir, dans un banquet fraternel, les anciens élèves du collége de Phalsbourg. Plusieurs n'avaient souscrit que dans l'intention de le revoir, et lui-même, en reconnaissant parmi eux des hommes aujourd'hui honorablement posés, auxquels il avait ouvert la carrière, il se serait dit, sans doute, avec le poète :

Ce bonheur est à moi, car c'est moi qui l'ai fait.

Vain espoir ! un crêpe occupera sa place vide et projettera son ombre sur cette réunion.

» Adieu ! Parmentier ; j'étais venu avec l'espoir de serrer votre main : la mort m'avait devancé. Je n'ai trouvé qu'un cercueil. Heureux, toutefois, d'avoir pu servir d'interprète à la reconnaissance et aux regrets d'une population dont les sentiments sont les miens, et chez laquelle votre nom vivra gravé plus profondément encore dans les cœurs que sur le marbre destiné à en perpétuer le souvenir. »

M. le pasteur HUTER a pris ensuite la parole en ces termes :

« MESSIEURS,

» Quoiqu'il m'en coûte beaucoup d'élever ma voix sur la tombe de celui qui, depuis de longues années, m'a honoré de son amitié, je dois faire violence à mes sentiments personnels pour déposer sur ce cercueil, au nom de mes coreligionnaires de Phalsbourg et du canton, un dernier hommage, un dernier tribut de reconnaissance et de regrets sincères. Oui, Parmentier, tu fus, dans toutes les circonstances, notre conseiller, notre protecteur, notre refuge, car ton noble cœur, au-dessus des misères des esprits étroits, et ennemi de toute oppression, savait apprécier, embrasser et défendre toutes les causes justes. Ton nom est non-seulement profondément gravé dans nos cœurs, mais il est écrit dans nos livres de prières, dans nos Bibles de famille, et, avec elles, il passera à la postérité, qui lira un jour, avec un souvenir reconnaissant, ce que nous te devons. Merci donc, noble ami, merci, au nom de mes coreligionnaires! Merci, aussi, en mon propre nom, pour vingt-cinq années de fidèle amitié! Que le juste Rémunérateur de toute vertu et de tout mérite récompense, dans un monde meilleur, maintenant que tu es délivré des longues misères de la vie, tous tes généreux efforts tentés dans l'intérêt de la vérité, de la justice et de la prospérité de ta ville natale, qui furent, jusqu'au dernier moment, le constant objet de ta sollicitude.

» Adieu, ou plutôt au revoir! Que la mémoire du juste reste en bénédiction au milieu de sa famille, de ses amis, de ses concitoyens reconnaissants! »

M. le rabbin Lipman a également prononcé, au nom de ses coréligionnaires, l'allocution dont voici le texte :

« Messieurs,

» Quand Dieu accorde à un homme une intelligence supérieure, et, en même temps, les loisirs et l'indépendance de

la richesse, il le soumet à une grande épreuve ; ces deux
avantages peuvent devenir funestes à celui qui les possède ;
ils le rendent capable de faire beaucoup de bien, mais ils fa-
vorisent aussi les plus mauvais penchants.

» François-Désiré Parmentier, dont nous entourons aujourd'hui la dépouille mortelle de nos hommages et de nos
prières, a passé par cette épreuve difficile, et il en a si bien
triomphé que, au jour de sa mort, le deuil de sa famille est
effacé par celui de la cité entière. Bien que sa longue et
cruelle maladie ait pu nous préparer à le perdre, nous avons
tous été étonnés, dans notre douleur, lorsque la triste nou-
velle se répandit, tant nous étions habitués à lier, dans notre
pensée, le nom de notre ville et celui de Parmentier.

» Il faut, Messieurs, que je renonce à la douce jouissance
de vous retracer sa belle vie. Ce soin appartenait à celui qui
s'en est acquitté tout à l'heure avec toute l'éloquence du
cœur et de l'esprit. Ce qui m'amène devant cette tombe, c'est
le besoin qu'éprouvent mes coreligionnaires d'exprimer ici la
reconnaissance dont ils sont pénétrés pour celui que nous
pleurons. Je suis heureux de pouvoir leur servir d'organe,
tout en exprimant mes sentiments personnels. Les israélites
de Phalsbourg sont reconnaissants envers l'homme de mérite
que la mort nous ravit, pour les idées de la plus large tolérance, qu'il a eu constamment à cœur de faire prévaloir. Il
comprenait et il sentait si bien que les hommes, quand ils
sont sincères, peuvent s'aimer, bien qu'ils professent des
croyances religieuses différentes ! Il se réjouissait de chaque
progrès accompli dans ma communauté, et quand, pour
réussir, nous avions besoin de sa précieuse coopération,

nous étions sûrs de rencontrer toujours en lui un dévouement sans bornes.

» N'est-ce pas, Messieurs, surtout par son esprit libéral que Parmentier a conquis votre estime et celle de tous ceux avec qui il était en relation? N'est-ce pas l'ami de toutes les causes justes que vous avez aimé en lui? C'est une grande satisfaction pour moi que le motif spécial qui me fait élever la voix pour louer l'homme de bien que nous perdons, soit puisé dans le trait le plus saillant de son caractère. Il se fait ainsi qu'en me bornant à parler d'une seule de ses vertus, je rends un hommage presque complet à sa vie entière.

» D'ailleurs, quand un homme fait constamment preuve d'une grande vertu, soyez assurés qu'elle n'est pas isolée. Examinez, et vous trouverez qu'elle a ses racines dans plusieurs qualités excellentes.

» Ainsi, pour être tolérant, il faut avoir un bon cœur, être dans ces dispositions charitables qui nous portent à aimer et à respecter tous les hommes. Il faut aussi avoir l'amour de l'équité, une profonde répugnance pour tout ce qui blesse le sentiment de la loyauté. Vous savez si Parmentier avait le cœur bon et droit! Chacun rencontrait chez lui l'accueil le plus affable, le zèle le plus obligeant, et il était révolté de la moindre injustice dont on se plaignait. Mais cela ne suffit pas. La tolérance est la compagne inséparable du désintéressement et de l'élévation de l'esprit. Pour en être doué, il faut, comme Parmentier, savoir résister à la séduction de l'intérêt personnel, fuir le préjugé et rechercher la vérité.

» Généreux et noble concitoyen, reçois, pour ton mérite et ton dévouement, l'expression de notre profonde gratitude et l'assurance que ton souvenir restera pour nous un sujet de bénédictions. Puissent les regrets dont tous honorent ta mémoire, adoucir un peu le chagrin de ta famille, où ta mort fait un si grand vide que rien ne peut plus combler! Pour toi, la récompense éternelle que Dieu réserve à tous les hommes de bien t'attend au ciel! Adieu! »

Nancy, imp. de HINZELIN et Comp.